枯らす実る資産運用。巻頭マンガ
分散投資のススメ
その株、ずいぶんと下がってしまいましたね。
あ…あ…
価の影響で
ましたが
復すると
んですね！
私、じつは投資コンサルティングをしているんです。
良かったらお話しませんか？

友杉と申します。

今日は基本的な資産運用の話をしましょう。

高橋といいます。

実は退職時期が近くなり将来に不安を感じて資産運用を始めたものの、まだ素人でよく分からなくて…

この人、自分で考えてみるから大丈夫だって言ってきかないんです。

たしかに、自分で考えるのは他人の言いなりになるよりは良いのですが、間違った方向に行くこともあります。

ほらァ…

私の失敗談を話しましょう。

あれはだいぶ前のことですが私は米系金融グループの日本証券法人代表を務めていました ——

よし！
自己資産を全部つぎ込んで本社株を買おう！
お、順調に上がってるな！
ははは
上場直後は良かったのですが…
利益確定の直前に内部告発から不正が発覚！
成経済新聞 日本版
内部告発から
不正発覚
株式取引所の株式売買停止！事実上の倒産になり――
私の自己資産はほとんど消えてしまいました。
こんなはずでは…
いったい、どうすればいいんだ？
そのときからです。私が「これは特別だ！」という意識を排除し――
分散投資に徹するようになったのは

その分散投資というのは、どういうことですか？
それはですね…
スッ
まず銀行預金ですが、これは目減りする可能性もあるので保有比率を落とします。
保有比率
銀行預金
30%
保険・投資信託・
次に投資信託の商品を検討します。どーんと伸びるのは望めませんが、ある程度安定しています。さらに債権や株式を選びます。まずは安定銘柄から。配当実績や株主優待も考慮に入れます。
持っているお金の残り全部を株式購入に使ってもいいんですか？
それは愚策です。
またそーいうテキトーな…
自分の生活コスト、どのくらいの期間の生活費があれば安心かを考えます。そして、お子さんの教育費用なども考えます。
?

うーん
ネェ、あなた、
生活費だって一年分ぐらいは持っていたいわね。
それなら、その分を除いて残った資金があなたの投資余力です。
参考案としてまず銀行預金に30％
次に、保険、投資信託、安定した株式の合計が35～40％
残りを株式やモノ資産、不動産投資などに投資します。
銀行預金 30%
保険・投資信託・安定した株式 35~40%
株式・モノ資産・不動産資産
メモメモ…
へえ〜っ
金額の割合は余力が増えるに従って、この第3の項目も増えてきます。
もっとも、FXや先物取引に手を出す「レバレッジ投資」はがーんと増やすこともできる代わりに、どーんと落ちる可能性もあるので
株式・モノ資産・不動産資産
FX・先物取引 5~10%
せいぜい、5～10％にとどめるのが無難でしょう。
ナルホド…
でも、どの商品が守りで、どれが攻めなのか、ごっちゃになってきそう…

では、ここでサッカーに例えてご説明しましょう。
わ〜っ
サッカー観戦は夫婦そろって大好きです！
ま、ヒイキのチームガチガうカら、ケンカしたりもするけどネ！
FW（フォワード）
⑧FX
⑩暗号資産
⑨先物取引
MF（ミッドフィルダー）
⑪金地金
⑤株式
⑥不動産
⑦外貨預金
②保険
③国債・公社債
④投資信託
DF（ディフェンス）
①銀行預金
GK（ゴールキーパー）
資産運用の項目を選手のポジションに当てはめて解説しましょう。
ま、ケンカも楽しみの一つということで…
まずはゴールキーパーは銀行預金です。
絶対的キーパーです。
統計では、投資が苦手な日本人にとって
銀行預金
資金の50%以上もの割合を占めています。
ピッ
ただ、守り専門なので資産はそのまま眠らせていくことになります。

保険、国債・公社債、投資信託の3人組。彼らはどーんと増やすことはできませんが
国債公社債
保険
投資信託
銀行預金
運用
堅く守りつつ銀行預金よりは融通が利くという意味でディフェンスなんです。
投資信託もディフェンスなんですね？
アラ
ピピーッ！
全ての投資信託がディフェンスとは言えません。
投資信託商品の選別が必要です。
そして、サッカーの華ミッドフィルダー。株式、不動産、外貨預金、金地金の登場です。
株式
不動産
外貨預金
金地金
彼らはディフェンス陣より運用益が見込めます。しかし、元本割れリスクが大きく伴うので、ディフェンスではなくミッドフィルダーです。
運用

最後がフォワードです。
FX、先物取引、暗号資産。
運用を伸ばす強力な布陣です。
彼らは運用益を何倍にも増やせるメンバーですが采配を間違うと大きくマイナスになることもあります。
FX
暗号資産
先物取引
運用
パコォォー
このフォワードだけに頼ると守りはザルですね。
フォワードしかいないチームがあったらゲームにならず（運用がへこむ）ただのギャンブルになってしまいます。
これら4つのポジションに属するそれぞれをうまくメンバーに選別して運用するのが良いでしょう。
運用資産が小さいときはディフェンス重視
運用資産が増えるにつれ徐々にミッドフィルダーやフォワードに積極的な采配を…
それが勝利の秘訣です。
パチン！
ワー
ワー

枯らす 実る 資産運用

WITH LLC

ウィズ合同会社代表社員
友杉 博信
Tomosugi Hironobu

はじめに

「素人はプロと同じステージで勝負しない」
「心を安定させろ。熱くなるな」

偉そうに講釈を垂れてはいても、私自身、儲けることもあれば損することもあります。これまでの私の人生も、失敗と挫折を繰り返しながら、次の成功への教訓を得てきました。

学生時代は東京農大で学び、地元の教員採用試験にトライ。理科の先生になりたかったんですね。しかし、結果は不合格でした。金融業界では異色の経歴と言えるでしょう。

卒業後、一旦、金融系の営業職に就いた私は、やがて米国シカゴ事務所に赴任し、そこで初めて海外市場を本格的に学ぶことになりました。その後、ニューヨークに移り、証券会社・投資顧問会社・銀行ディーリング部で、主に日系金融機関や商社との取引経験を積み、その後は東京に赴任して、英国系・スイス系・米国系の金融グループに所属。途中には大きな成功もありましたが、大変な挫折を経験しました。42歳でした。

自信をなくし、人に会うのも億劫な日々でしたが、ちょうどその頃に生まれてきてくれた娘や妻の存在が支えになり、復活の兆しが見え始めました…。紆余曲折を経て、今は金融系を主軸に対企業コンサルティングを行いつつ、投資教育に携わっています。

投資というのは、どんな人でも勝ち続けるということはありません。利益と損失を繰り返しながらも、「勝ち」を大きくしていく、つまり「資産を増やしていくこと」は簡単ではなく、そこには積み重ねた経験とノウハウが求められます。

本書では、数々の失敗も惜しみなく公開しています。それらを教訓としつつ、私が培ってきた経験とノウハウを、これからの皆さんの実りある資産運用につなげていただければ幸いです。

本書のタイトルにある「枯らす、実る」ですが、せっかくの資産運用も、ほとんどの資産を銀行預金にしてしまったり、効率の悪い運用にまかせっきりにしてしまうと、段々と「枯れて」いきます。

それに対して、本書にあるような運用をこころがけて、適切に行うことによって、増える（守る）、つまり「実る」ことになります。皆さんもぜひ自分の資金が「実る」ように心がけてください。

ウィズ合同会社 代表社員
友杉 博信

第4章◉「実る」ためのプロに負けない7か条

第1章

素人は素人なりのスタンスで

投資下手が多い日本人

まず、この本は投資についての本ですが、プロではない投資家、つまり「素人」と呼べる初心者の皆さんに向けて書いています。入門というよりは、興味をもって始めたけれど伸び悩んでいるとか、より詳しいことを学んでみたいといった人向けと言えるでしょう。

なぜそういう本を書こうとしたかというと、個人投資家の皆さんを応援したいからです。ご存じでしょうか、他の先進国に比べて相対的に、「日本の個人投資家は、投資下手が多い」ということを。

これには、文化的な要因によるところが大きいかもしれません。例えば、中華民族の人々は、歴史観を背景に多くの資産を金地金（きんじがね＝インゴット、ゴールドバー）や純金アクセサリー、純金美術品に替えます。「現金はあてにならない」という投資の感覚が子孫に受け継がれているのです。

彼らの中には、高い国民意識をもちつつ本国から離れ、海外に居住し続ける人々

（華僑）がいます。華僑が集まり、同一民族として文化を保っていくための拠点となる場所（チャイナタウン）を世界中にたくさんもっていることも、ある意味ではそういった歴史的・文化的な背景が影響していると言えるでしょう。

また、アメリカに赴任中、こんなことがありました。当時、ある同僚のお子さんは小学生くらいだったのですが、「保護者と相談して、分散投資のスキームを組む」という課題が出されたそうです。子どもたちには、シミュレーションで先生から一定額の予算が与えられました。その同僚は、「投資銀行で運用の仕事をしている父親として、子どもが恥ずかしい思いをしないようなアドバイスをしなければ…！」と、慌てていました（笑）。

そんな教育環境も影響しているのでしょう。日本では個人の保有資産のうち50％以上が銀行預金であるのに対し、欧米先進国での銀行預金率は30％超くらいです。言い換えれば、日本以外の先進国では、より高い比率で、銀行預金以外のものによる資産運用をしているということです。現・内閣総理大臣も、日本国民に向けて、「預金より投資を！」と、資産運用における投資比率の引き上げを推奨しています。

確かに分散投資は、投資の基本的な考え方として重要です。しかし、分散投資をすれば資産が増えるということではありません。資産を増やすには、「守りを固めながら攻めの投資を行う」ことが必要になります。ただし、積極投資にはリスクが付き物。私自身、儲けたり損したりを繰り返し、コツをつかめるようになってきたのです。リスク商品に参加する時には、損失を小さく抑え、全体として利益を出せるように、うまく分散投資のバランスをとることが重要なのです。

3回取引して1勝2敗でも、1勝の利益が大きく、2敗の損失額がそれより小さければ「勝ち」なのです。私が積み重ねてきた経験とノウハウをお伝えすることで、本書をお読みいただく個人投資家の皆さんのお役に立つことができれば、嬉しく思います。とは言え、本書は決して積極運用を指導するわけではありません。

個人投資家がもつべき3つの心がまえ

個人投資家が投資をしていく上で知っておいてほしいことを、まず3つ挙げます。このあと実践的なお話をしていきますが、その前の心がまえとして、ご一読ください。基本的なことですが、実は、この「投資術」の全てに通じる大事なものです。素人は素人なりのスタンスで、投資に臨みましょう。

❶「ヴィジョン」をもち、心を安定させる

投資をする上で大切なのは、「気持ちを落ち着けること」。投資というのは、心理状態に大きく左右されてしまいます。ついつい欲を出して自分の余力に見合わない投資をしてしまったり、大きなリスクをとりにいってしまっては、大ケガのもとです。

すでに投資にチャレンジして、ある程度成功している皆さんは、この話を「釈

迦に説法」と思っているかもしれません。しかし、特に相場商品に参加する場合、頭では理解しているつもりでも、ついつい熱くなってしまい、この罠に陥ってしまうケースは少なくありません。

あなたにとって投資することの目的は何ですか？　きれいごとを言うつもりはありませんが、自己の欲望を満たすための投資では、冷静さを失ってしまうかもしれません。「ヴィジョン」と「欲望」を区別しましょう。

投資で得た利益を「どう使いたいのか」を明確にしてください。あなたのヴィジョンに「貢献する」などの目的が含まれていると、素晴らしいですね。その目的のもとで目標を明確にし、その先のヴィジョン達成に挑んでみませんか。

ちなみに、「貢献」という言葉を「自己犠牲」と混同してアレルギーをもつ人がいますが、別に「投資で得たお金を寄付しましょう」というようなことを言うつもりはありません。「社会貢献につながる開業の資本金にしたい」とか、「(自分自身を含めて）家族がゆったりと集える庭つき一戸建てを購入したい」でもいいのです。つまりは、「誰かと分かち合える幸せのために」ということ。自分本位な欲求を満たすだけのために投資をするというのでなければ、それでいいのです。

この「目的／ヴィジョン」をちゃんと意識していると、自分の心理状態がブレてしまっても、あるべきポジションに戻してくれる手助けになるでしょう。

❷プロと同じステージで勝負しない

アマチュア投資家が、いきなりハイリスク商品に参加するのはおすすめできません。やるとしても、控えめにしましょう。参加してはいけないとまでは言いませんが、一定の資産を蓄積できるまでは、自分が運用している資金総額のうち、決して大きな比率をおくべきではありません。

なぜなら、相場の世界では、誰かに利益が出た場合、同時に、その同額が「ほかの誰かの損失になっている」ことになります。ハイリスク商品の場合、その相場に参加している人の多くは、一日中、相場の動きにはりついているようなプロたちです。

そこに加わるということは、アマチュアが投資を生業にしているプロたちと進んで競い合うようなもの。もしやるとしても、当然のことながら、慎重に挑む必要があるのです。その詳細や対策については、第3章の「主な投資商品と運用戦略」で解説します。

❸営業マンを頭から信じない

これは私自身が金融の世界で営業の仕事をしていたことがあるからこそ思うことであり、私が言うまでもなく、皆さんよく分かっていることでもあるでしょう。

営業マンは全員が悪者というわけではありませんが、少なからず言えるのが、投資に関わる営業マンにとって、その目的は基本的に「顧客の取引で発生する手数料を稼ぐこと」であり、顧客の利益を第一に考えているわけではないのです。

一番の目的は手数料を稼ぐことで、顧客の利益は第二、というのが本音でしょう。

しかし、営業マンも慈善事業をやっているわけではないので、それは当然のことと考えてください。その上で、できるだけ顧客の利益を目標の高い位置に据えており、勉強熱心な営業マンを選ぶことが大事です。

実際、優れた営業マンが良きアドバイザーになってくれるケースは多いので、頼りきりにならないということを心に留めながら、上手に付き合いましょう。

投資は全て自己責任です。それをしっかりと認識し、最終的には自分の判断で参加しなければなりません。投資に参加して損失を出してしまったら、自分以外の誰も、それを補填してくれることはありませんから。

投資はギャンブルか？

よく経済活動としての投資を、「ギャンブル」と同じ枠にくくっている人がいます。まるで「投資は悪だ」と言わんばかりに。「投資は心理状態に大きく左右される」とお話したように、損をすると熱くなってしまい、冷静な判断を失う人の姿がギャンブルと重なるのでしょう。

私もムキになってしまったことは、少なからずあります。最初は、米国金融業界でそこそこ経験を積んで、調子に乗っていた頃でした。当時は、まだ20代でしたが、ちょうど転職先での勤務が始まるまでの合間に、ＮＹ商品取引所の原油先物取引にハマってしまったのです。

最初は小口の取引サイズで「売り」から参入し、円に換算して約１００万円の利益を確定しました。私は図に乗り、すぐに取引量を増やして再参入しました。その前に利益を出しているからと、ちょっと余裕をもって同じ原油先物を今度は「買い」ました。けれども、あっという間に下落し、前回の利益を飛ばしたところで損切りしました。

そこで頭を冷やせばよかったのですが、すでにヒートアップした状態で、再度「買い」を前回の2倍の取引サイズで仕掛けて失敗。その後も同じ銘柄の原油先物で徐々に取引サイズが大きくなり、10回目ぐらいの取引の後、ようやく中断した時には3勝7敗でした。しかも、3勝の平均利益は小幅だったのに対し、7敗の平均損失額は大きく、結果は勝敗差以上の大損でした。

あとになって思い至ったのは、「勝負の挑み方が頭脳的にもメンタル的にも、ギャンブルにハマって損するパターンと同じになっていたな…」ということでした。本来の冷静な判断力を奪ったものは何だったのでしょうか。やはり投資には、ギャンブル同様の魔物が棲んでいると言わざるを得ません。

だからこそ、「ヴィジョン」をもつことが大切なのです。人は目標が明確であれば、冷静さを保つことができます。ギャンブルの動機は、単なる「欲望」でしょう。そこが投資とギャンブルの違いなのだと思います。

ちなみに、この時の私は、分散投資についての考え方もまだ身についていませんでした。

当時の私は、金融の仕事をしているという意味ではプロの部類だったと言えども、依然としてアシスタントレベルの実力。しかも、転職前の休暇中だった私に届く情報は、プロの専門情報端末よりも桁違いに遅く、どうしても賭けに出るような判断もありました。当時の原油市場は、中東の減産やら、それを否定する噂やらが交錯しており、大した運用資産もない私が分散バランスも考えずに、大動きしていた原油先物に参入したことが、そもそもの間違いだったのです。

アマチュア投資家は、安易にハイリスク商品に参加するべきではないし、参加するにしても、一定の資産が蓄積できるまでは、運用総額の中で決して大きな比率を置くべきではありません。「慎重さが足りなかった」と今では思います。

実際に世の中では、投資はギャンブルだとする考え方があるのは確かです。私にとっては、どちらかと言えば、その違いを意識し、冷静沈着にトータルでの「勝ち」を目指す着実な資産運用という方がしっくりきます。個人投資家の皆さん、それぞれのスタンスで進めていきましょう。

第２章

分散投資ポリシー

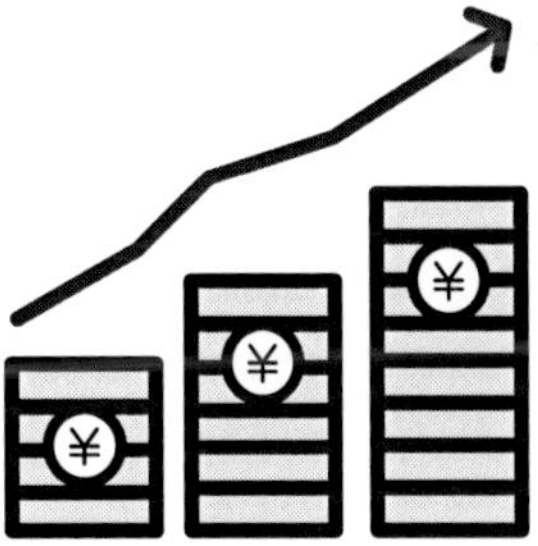

「貯める」と「増やす」が「枯らす」「実る」に変わるとき

着実な運用ができる元本確保型商品と、積極的な運用ができる非元本確保型商品があります。「攻め」と「守り」。しかし、その一方で「枯らす」「実る」というケースに分かれる場合があります。

二項対立ではなく、それぞれの方法を考えてみましょう。

■資産の具体的な運用方法

❶定期預金・定額積み立て

一般的に利息は低いものの元本が確保されることが多いため、安全性を求める際に有効です。定額を自動的に積み上げることで、資産の積み上げを習慣化します。

❷キャッシュリベートやポイント還元

クレジットカードのキャッシュリベートやポイント還元を活用して、実質的な貯蓄を増やします。

❸債券への投資

国債や社債などの債券を購入することで、定期的な利息収入（クーポン）を獲得します。リスクは株式投資に比べて低いが、それなりに利幅も一般的に低い。

❹マネーマーケットファンド（MMF）

短期の金融商品に投資するファンドで、預金に近いリスク感で運用できます。一部のMMFは通常の口座よりも高い利益を提供することがあります。

❺住宅ローンの返済

住宅ローンの返済を早めることで、無駄な利息支払いを削減します。自宅の資産価値が高まることも見込めます。

❻保険商品の活用

一部の終身保険や年金保険は、一定期間中に一括で、または分割で考えることができます。ただし、運用リターンやコストをよく確認することが必要です。

❼投資口座（NISA、iDeCo など）の利用

臨時利益が受けられる投資を活用し、中長期の運用で資産を増やします。手数料や運用商品の内容を事前によく調査することが必要です。

❽金や貴金属への投資

価格の変動リスクはありますが、インフレヘッジとしての側面も。安定した資産保存手段として、適度な調整で持つことが一般的です。資産を「想定」するための運用は、目的やリスク許容度に応じて最適な方法を選択することが大切

です。また、どの方法を選択するべきか、定期的な見直しや調整を行うことで、効果的な資産運用が可能となります。

❾積立型の投資利益

毎月定額を投資することで、長期的に資産を増やしていく方法。ドルコスト平均法としても知られるこの方法は、市場の上下に左右されにくい。一般的に低コストなインデックスファンドを選択することで、運用コストを節約し、長期的なリターンの向上が期待できます。

❿定期的な資産の再配分

先のバランスを定期的に調整することで、リスクを一定に考慮しながら最適なリターンを追求します。

（例）株式と債券の割合を一定に許容するために、一年に一度、それらのバランスを調整します。

⓫ 非流動資産の活用

不動産や土地の賃貸を行い、定期的な収入を得ることができます。これにより、収入源が増えることが期待できます。リスクとして、入居者が維持できない期間があると管理コストがかかることを考えておく必要があります。

⓬ 退職金や給付型の福利厚生の活用

企業が提供する退職金制度や各種給付金を最大限に活用することで、将来の資産の柱を築きます。利用する際は、制度の詳細や条件をよく理解して活用することが重要です。

⓭ 季節的・時期的な節約

一時的なセールや割引期間を利用して、購入予定のものを安く購入する。また、オフシーズンに購入することでコストを節約します。貯蓄とは直接関係はないかもしれませんが、日常の出費を重視することは結果的に貯蓄を増やすことなります。

⑭ 教育とスキルアップ

自分のスキルや資格を向上させることで、収入アップの機会を増やします。高収入に繋がることで、貯蓄も加速させることができます。

資産を考える際には、短期的な視点だけでなく、中長期的な視点を持つことが重要です。リスクとリターンのバランスを考慮しながら、自分の生活スタイルや目標に合わせた方法を選ぶことが重要なポイントです。

「リスク」と「リターン」

リスクというのは変動幅が大きいということです。リスクの大きい商品は、リターンも大きいのが常です。「攻め」とは、ハイリスク・ハイリターンの場合が大きいです。しかし、必ずしもハイリスクになるという訳ではないので、あくまでも個別のケースで考えていきましょう。

投資におけるリスクは、資本の損失や予期しない変動、そして期待した収益が得られない可能性を指すものです。リスクを正しく理解し、適切に管理することは、投資戦略の中心的な要素となります。以下に、投資に関連する一般的なリスクの種類をいくつか示します。

❶**市場リスク**…これは全体の市場が下落することにより、投資ポートフォリオの価値が減少するリスクを指します。一般的に、市場全体の動きに影響される資産や証券は、市場リスクの影響を受けやすいということになります。

❷**信用リスク**…借り手が負債の支払いを遅延させるか、全く支払わない可能性に関連するリスクです。特に、債券を持っている場合、発行者が利息や元本を返済しないリスクが考えられます。

❸**リクイディティリスク**…投資を迅速に現金化することが難しい場合に関連するリスク。一部の資産は売却するのが難しく、その結果、売却するための価格が低下する可能性があります。

❹**インフレ・デフレリスク**…通貨の購買力が時間とともに低下することに関連するリスク。インフレ率・デフレ率が高い場合、実質的なリターンが低下する恐れがあります。

❺**通貨リスク**…外国の資産や証券に投資する場合、その国の通貨の価値の変動により、投資の価値が変動する可能性があります。

❻**再投資リスク**…既存の投資からの収益を新しい投資に再投資する際のリスク。利率が低下している場合、以前の投資と同等のリターンを得ることが難しくなります。

❼**利率リスク**…金利の変動が投資の価値に与える影響。例えば、金利が上昇すると、既存の債券の価格は低下する傾向があります。

❽**政治・規制リスク**…政府の政策変更や規制の変更、政治的不安定性などが投資の価値やリターンに影響を与えるリスク。

❾**業績リスク**…個別の企業や組織の業績が予想よりも悪化することによるリスク。これは特定の企業株式に投資する場合に特に考慮すべきです。

以上のように、多種多様なリスクが投資活動に関連しています。投資を行う前に、これらのリスクを正しく理解し、自身のリスク許容度と照らし合わせることが重要です。リスクを完全に避けることは不可能ですが、適切な戦略とリスク管理を行うことで、これらのリスクを最小限に抑えることができます。

投資における「リターン」とは、投資家が資金を投資することによって得られる収益のことを指します。これは通常、利息、配当、資本利得、またはこれらの組み合わせとして現れます。リターンは、投資家がリスクを負って資金を投資する主要な動機の一つであり、その期待リターンは、投資家が投資先を選択する際の重要な基準となります。

ハイリターン投資とは、平均的なリターンよりも高い収益を期待することができる投資を指します。以下は、ハイリターン投資に関連する特徴や要点です。

❶安定した収益…ローリターンの投資は、一般的に収益の変動が小さく、安定したリターンを期待することができます。

❷低いリスク…リターンが低い反面、資本の損失のリスクも低くなります。

❸長期的な視点…ローリターンの投資は、短期間での大きな収益を期待するのではなく、長期間にわたる安定した収益を目指すものです。

❹初心者にも適している…ローリターンの投資は、リスクが低いため、投資初心者や保守的な投資家にも適しています。

結論として、ハイリターンとローリターンの投資は、それぞれの特徴やリスクがあります。投資家は、自身の投資目的、リスク許容度、投資期間などの要因を考慮して、適切な投資先を選択する必要があります。そして、どちらのタイプの投資を選択する場合でも、十分な情報収集と分析が必要です。

リスクを軽減する手法

資産を分散させる（分散投資・ポートフォリオマネジメント）

「分散投資」（ポートフォリオマネジメント）とは、全資産を限られた少数の投資先や一つの資産クラスに集中させるのではなく、ある程度複数の投資先や資産クラスに分散して投資する戦略を指します。このアプローチは、特定の投資先や資産クラスの価格変動の影響を受けにくくし、全体のリスクを低減することを目的としています。

【分散投資の手法の一例】
❶ **資産クラスの分散**…株式、債券、不動産、現金など、異なる資産クラスに投資する。
❷ **地域的分散**…特定の国や地域に依存せず、世界中の異なる市場や地域に投資する。
❸ **業種やセクターの分散**…一つの産業やセクターだけでなく、複数の産業やセクターに跨って投資する。

❹ **金融商品の分散**…個別株や個別債券だけでなく、投資信託やETF（上場投資信託）などの様々な金融商品に投資する。

【分散投資のメリット】

❶ **リスクの低減**…単一の投資先や資産クラスが大きく下落した場合でも、他の投資先や資産クラスが安定していれば、全体の損失を抑えることができます。

❷ **安定したリターン**…一部の投資先が低調なパフォーマンスを示したとしても、他の投資先が好調であれば、全体のリターンは安定します。

❸ **機会損失の回避**…すべての資産を一つの投資先に集中させると、他の投資先の好調なパフォーマンスを逃す可能性がありますが、分散投資によりこのリスクを低減できます。

❹ **柔軟性**…市場の変動に対応して、投資ポートフォリオのバランスを調整しやすくなります。

分散投資の考え方は、「全ての卵を一つのかごに入れない」ということわざにも似ています。市場や経済の不確実性に直面している現代の投資環境では、分散投資は投資家のリスクを管理し、中長期の視点で安定したリターンを追求する上で非常に有効な手法となっています。

■ポートフォリオ

投資における「ポートフォリオ」とは、投資家が保有する資産の組み合わせや配置のことを指します。一般的には株式、債券、不動産、商品、現金等の資産クラスの組み合わせとその比率を意味します。

❶ポートフォリオとは

- 複数の投資商品や資産クラスからなる投資組成のこと。
- 目的はリスクの分散と収益の最大化。リスクを受け入れる範囲内で最大のリターンを求めることが多い。

❷ポートフォリオの作り方

・目的の設定…投資の目的を明確にする。資金の増加を目指すのか、キャピタルゲインを追求するのか、定期的なインカムを得るのか等。
・リスク許容度の確認…自身のリスク許容度や投資期間を考慮し、資産の組み合わせを決める。
・資産の分散…すべての資産を一つの投資に集中させるのではなく、複数の資産クラスや地域、セクターに分散することでリスクを減少させる。
・定期的なリバランス…市場の変動により、所定のアロケーションからずれることがある。定期的にバランスを取り直すこと。

❸主なポートフォリオの戦略

・ストラテジックアセットアロケーション…長期的なリターンとリスクの見込みに基づき、各資産クラスの比率を設定する方法。
・タクティカルアセットアロケーション…短期的な市場の動きや情報に基づき、

アセットアロケーションを柔軟に調整する方法。

・ダイナミックアセットアロケーション…時間の経過とともにアセットアロケーションを変更する方法。例えば、若い時期は株式中心の投資とし、年を取るにつれて債券や安定した資産にシフトしていく。

❹ツールや手法

・モダンポートフォリオ理論（MPT）…ポートフォリオのリスクとリターンの関係を最適化するための理論。

・効率的フロンティア…MPTに基づき、与えられたリスクに対して最大のリターンを生むポートフォリオの組み合わせを示すカーブ。

ポートフォリオの構築や管理は、各人の投資目的、リスク許容度、投資期間などの条件によって異なりますので、専門家のアドバイスを受けることも考慮すべきです。

【投資における「ポートフォリオ」の理解】

「ポートフォリオ」とは、一言で言えば、投資家が保有する資産の組み合わせや配置のことを指します。投資の世界では、単に一つの資産だけを持つよりも、複数の資産を組み合わせてリスクを分散し、安定したリターンを追求することが求められます。この考え方の基盤が『全ての卵を一つのかごに入れるな』という古い格言に通じます。

【ポートフォリオの作成のステップ】

❶ **目的の明確化**…何のために投資するのか、その目的を明確にしましょう。退職後の生活資金を確保するため、子供の教育資金を積み立てるため、将来的な大きな購入資金を準備するためなど、投資の目的は人それぞれ異なります。

❷ **リスクの理解と許容度の確認**…投資には常にリスクが伴います。そのリスクをどの程度まで許容できるのか、また、どの程度のリターンを目指すのかを考える必要があります。

❸**資産の分散…**ポートフォリオの基本的な考え方は、リスクを分散させることです。一つの資産クラスに過度に偏ることなく、株式、債券、不動産、現金など、さまざまな資産クラスに投資することで、市場の変動に強いポートフォリオを作成することができます。

❹**定期的な見直し…**一度ポートフォリオを作成したからといって、そのまま放置するのは避けましょう。市場の動向、自身のライフステージの変化、目的の変動など、さまざまな要因でポートフォリオのバランスが崩れる可能性があります。

【ポートフォリオの戦略】

❶**ストラテジックアセットアロケーション（SAA）…**長期的なリターンとリスクの見込みに基づき、資産クラスごとのアロケーション（分散配置）を固定して投資する戦略。例えば、70％を株式、30％を債券に投資するという具体的な比率を定めます。

❷タクティカルアセットアロケーション（TAA）…短期的な市場の動向を捉え、資産クラスの比率を一時的に調整する戦略。SAAの枠組み内での柔軟な資産配分を目指します。

❸ダイナミックアセットアロケーション…インフレーションや経済の成長率などのマクロ経済指標に基づき、資産のアロケーション（分散配置）を調整する戦略です。

最後に、ポートフォリオの構築や管理は、個人の投資哲学やリスク許容度に応じて大きく異なります。したがって、専門家やファイナンシャルプランナーの意見を取り入れることも、賢明な選択と言えるでしょう。

■長期運用と短期運用

【長期運用】

長期運用は、数年から数十年といった長い期間にわたって投資資産を保有する戦略を指します。この方法では、市場の短期的な変動に一喜一憂せず、長期的な資産の成長や収益を追求します。

（長期運用のメリット）

①市場のノイズ（ブレ）に左右されにくい…短期の価格変動から影響を受けにくく、長期の経済成長や企業の実績に基づいた投資が可能。
②コスト削減…頻繁な取引が少ないため、手数料や税金のコストを節約できる。
③複利の効果…長期間投資を続けることで、利益が再投資され複利の効果を享受できる。

（長期運用のデメリット）

①流動性の低下…資産を長期間保有するため、短期的な資金ニーズに対応しにくい。

②短期の機会損失…長期保有を前提としているため、短期的な利益を追求するチャンスを逃す可能性がある。

【短期運用】

短期運用は、数日から数か月、数年以内といった短い期間にわたって投資資産を取引する戦略を指します。短期の市場の変動や情報を元に、高いリターンを追求することが目的となります。

（短期運用のメリット）

①高いリターンの機会…短期の市場の変動や情報を利用して、大きな利益を狙うことができる。

②流動性の確保…資産を短期間で取引するため、資金のニーズに迅速に対応できる。

③市場の変動への対応…市場の下落時など、迅速にポートフォリオの調整が可能。

（短期運用のデメリット）

①高い取引コスト…頻繁な取引が必要となるため、手数料や税金のコストが増加する。

②高いリスク…短期の市場の変動に大きく影響を受けるため、大きな損失のリスクも伴う。

③ストレスや情報収集の負担…短期の市場の動きを常にチェックする必要があり、情報収集や分析に多くの時間とエネルギーを要する。

結論として、長期運用と短期運用にはそれぞれの特性やリスク、リターンの構造があります。投資家は自らの投資目的、リスク許容度、資金のニーズなどを考慮し、どちらの運用スタイルが自分に合っているかを選択する必要があります。

■時間差で小分けに売買

時間差で小分けに売買する手法は、多くの投資家に用いられる戦略の一つです。この手法は、特に株式投資や仮想通貨投資など、価格の変動が大きい資産に対して使用されることが多いです。以下に、この手法の概要と、短い時間差と長い時間差での違い、そしてメリットとデメリットについて詳しく説明します。

❶**時間差で小分けに売買するとは**…一定の資産の全量を一度に売買するのではなく、時間を分けて少しずつ売買する方法を指します。この手法は「ドルコスト平均法」としても知られ、定期的に一定の金額で資産を購入する方法としても応用されます。

❷**短い時間差での売買**…短い時間差での売買では、例えば1日に数回から数十回の取引を行うものがあります。このスタイルは、デイトレーディングやスキャ

ルピングと呼ばれる短期取引に該当します。

❸**ある程度の期間を経た売買**…これは、例えば週に一度、月に一度、四半期に一度など、比較的長い期間を置いて資産を売買するスタイルを指します。定期的な資金拠出と組み合わせることで、これもドルコスト平均法として実践されることも多いです。

〔時間差で小分けに売買するメリット〕

①市場のボラティリティ対応…市場の変動率上昇による一時的な価格の下落や上昇から影響を受けにくくなる。

②心理的な負担軽減…一度に全額を投入することのリスクやプレッシャーから解放される。

③平均的なコスト…価格が高いときも低いときも購入するため、長期的には平均的なコストで資産を取得できる。

（時間差で小分けに売買するデメリット）

①手数料の増加…頻繁に取引を行うことで、手数料が増える可能性がある。

②取引の機会損失…価格が低いときに全額を投入しないため、大きな利益を逃す可能性がある。

③管理の手間…定期的な売買が必要なため、管理や監視の手間が増える。

結論として、時間差での小分け売買は、市場の変動や自身の心理的な側面を考慮した投資戦略の一つと言えます。しかし、この手法を採用する際には、取引の頻度や資産の選択、自身の投資哲学など、多くの要因を検討する必要があります。

投資信託とは

次章で主な運用商品について紹介しますが、ほかとは少し毛色の違う「投資信託」について詳述しておきます。

投資信託（ファンド）とは、投資家から集めたお金を一つの大きな資金としてまとめ、運用の専門家が株式や債券などに投資して運用する金融商品です（次ページ図参照）。その運用成果は、投資家それぞれの投資額に応じて分配される仕組みとなっています。

投資信託ごとの運用方針に基づき、専門家が「集めた資金をどのような対象に投資するか」を考えます。当然ながら運用成績は市場環境等によって変動しますから、運用によって利益が得られることもあれば、投資額を下回って損をすることもあります。投資信託は元本が保証されている金融商品ではなく、運用によって損益が生じることもあるので、この点には注意が必要です。

《投資信託のしくみ》

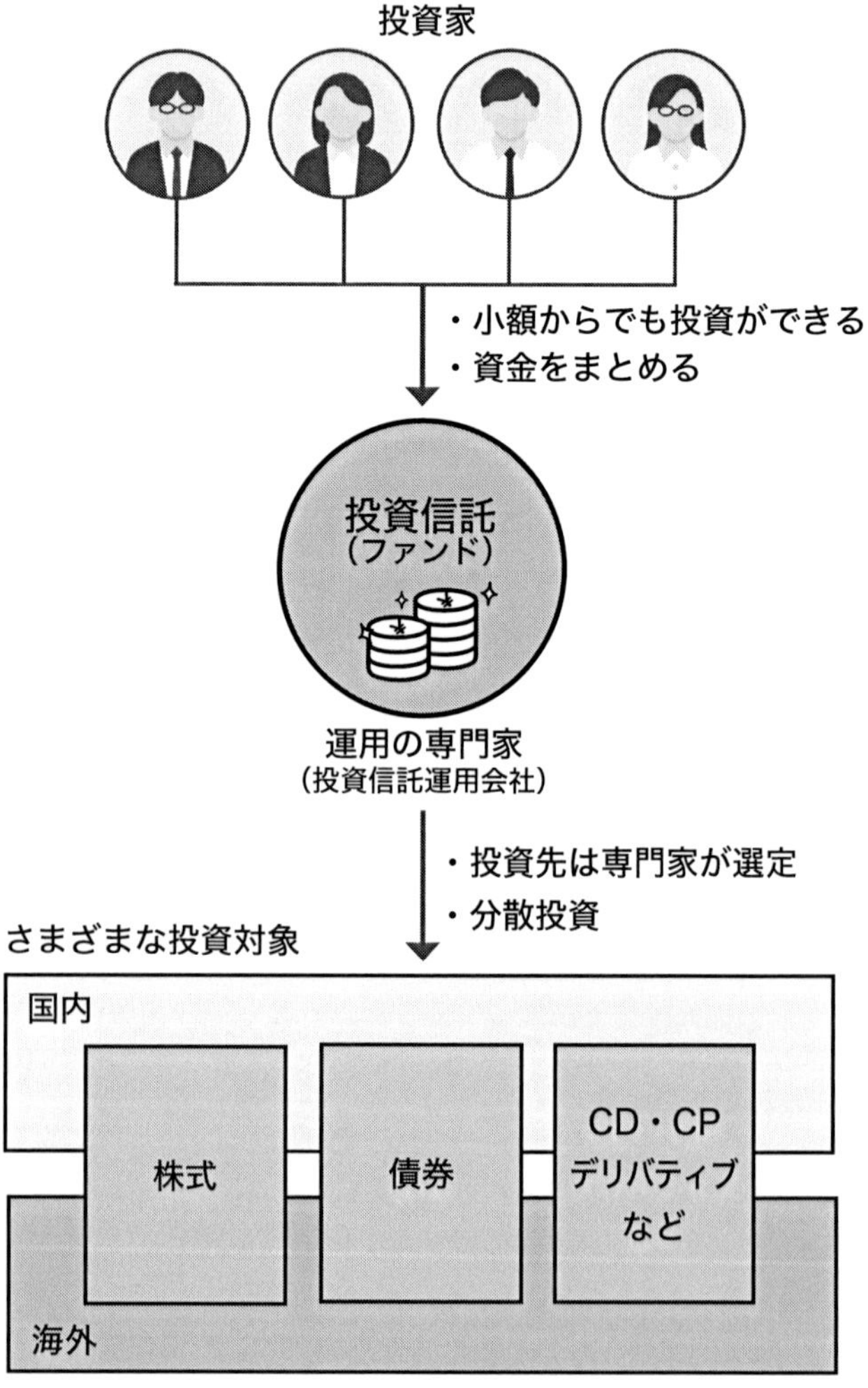
投資家
・小額からでも投資ができる
・資金をまとめる
投資信託
（ファンド）
運用の専門家
（投資信託運用会社）
・投資先は専門家が選定
・分散投資
さまざまな投資対象
国内
株式
債券
CD・CP
デリバティブ
など
海外

「NISA」と「iDeCo」は税制優遇制度！

日本の「NISA」と「iDeCo」に関する税制優遇制度の概要を説明します。

■NISA（少額投資非課税制度）

NISAは、2014年から開始された少額投資非課税制度の略称です。この制度の目的は、一般の人々に投資を奨励し、資産形成をサポートすることです。

【NISAの内容】

①非課税期間…5年間の非課税期間が設定されており、この期間中の売却益や配当は課税されません。

②投資限度額…年間120万円までの投資が可能です（2022年時点の情報）。ただし、2020年から導入された「つみたてNISA」では年間400万円までとなっています。

③対象資産…株式、投資信託、REIT（不動産投資信託）などが対象となっています。

■ iDeCo（個人型確定拠出年金）

iDeCoは、個人型の確定拠出年金制度の略称です。これは、将来の退職・引退などのリタイアメントのための資金形成をサポートするための制度で、自らが積み立てた資金とその運用益を基に将来の年金を受け取ることができます。

【iDeCoの内容】

①非課税メリット…積立金は所得から控除されるため、所得税の節税効果が得られます。また、運用中の利益も非課税です。
②投資限度額…年齢や収入などにより異なり、一般的には年間の上限が設けられています（例：20代〜50代の場合、年間23万4千円まで・2022年時点の情報）。
③対象資産…主に投資信託や国債などが選択可能で、リスクの異なる多様な商品がラインナップされています。

④受取方法…60歳から70歳までの間に受け取りを開始する必要があり、一時金や年金形式での受け取りが選択できます。

NISAとiDeCoは、投資や資産形成を促進するための日本の税制優遇制度です。NISAは短期間の投資を中心とした非課税制度、iDeCoは長期間の資産形成とリタイアメントを目的とした制度となっており、それぞれの目的や生活状況に合わせて利用することが推奨されます。

■2024年からの新しいNISA

注目を集めて久しいNISAですが、2024年1月から投資家に優しい変化が起こります。

そもそもNISA（ニーサ）ってなに？ から説明していきましょう。NISAとは、投資株式や投資信託で発生する利益に対する税金優遇制度です。その利益には、投資した株式銘柄の転売時に得られる値上がり益の他に、投資保有銘柄の配当金や分配金が非課税になる制度です。

その期間は現行一般NISAの場合、最長5年間で、その間はNISA口座で得られた利益に税金がかかりません。通常取引だと10万円の利益が出た場合、10万円×20.315％で税金（20,315円）を引かれ79,685円の受け取りになりますが、NISAだとその税金がかからず10万円がまるまる受け取れるんです。但し、金額的には無制限ではありません。しかし、この部分にも新制度には大きなメリットがあります。次にその比較をご紹介します。

今回の改正で非課税枠が大幅にアッ

《NISAの新旧比較》

	2023年まで	2024年新制度
年間投資上限	つみたて40万円 一般120万円	つみたて120万円 成長投資240万円
非課税期間	つみたて20年 一般5年	無制限
生涯投資上限	つみたて800万円 一般600万円	つみたて1800万円 内成長投資1200万円まで
個別株との併用	併用不可	併用OK
投資枠の再利用	投資枠の再利用は不可	売却後余剰枠は翌年から再利用可能

プし、その非課税期間は無期限に！ 更につみたて投資枠と成長投資枠（成長投資枠とは、旧制度における一般NISAを引き継ぐもの）を併用して投資が可能となりました。ちなみに、つみたて投資枠は長期のつみたて分散投資を目的としているため、対象商品もそれに適したと金融庁が認める一定の投資信託が対象です。

一方、成長投資枠はそれ以外の銘柄にも投資ができるため、つみたて投資枠よりも対象商品が断然に多いのです。更に、旧来のNISAでは一度利用した投資枠は、その後は利用できませんでしたが、新NISAでは再利用が可能となりました。

この新制度のNISAは、アマチュア投資家にとって利用価値は大変に大きいのではないでしょうか。

自分なりの分散投資ポリシーをもとう

私が分散投資ポリシーを持つ理由

分散投資比率や投資商品は、投資家の運用総額（余裕資産額）や投資経験値、また投資に取り組める時間など、さまざまな環境要因によって一様におすすめできる比率はありません。

しかしながら、銀行預金だけでは物価上昇や国際情勢の変化についていけるでしょうか？ 資産の目減りは免れないのではないでしょうか？ 例えば、50年前から現在に至るアイスクリームやタコ焼き一個の値段の変遷を思えば明らかです。

とは言え、攻め一辺倒ではリスクが大き過ぎます。ましてや投資経験の浅い方には尚更です。先ず余裕資産ができてきたならNISAなど投資信託商品を御検討することをおすすめします。さらに余裕ができれば債券や株式投資に進出します。銘柄は安定銘柄から選別しましょう。株価も重要ですが、直近の配当実績や株主優待なども検討材料に入れてみましょう。２００～３００万円くらいの余力ができたら通過分散を含めて、第４章・第２条の分散比率（本書91ページ）を一つのサンプルとしてご検討ください。

分散投資は、あなたの資産を守ることが目的です。放っておいても目減りしてしまいます。決して増やすことに主眼を置いた投資ではないのです。投資についての知識を養いましょう。

■経験談

こんな失敗談もあります。「人には勝負をかけるときが必要だ！」と自分勝手な理由づけをして、自分の分散投資ポリシーを解除したことが2回ありました。

最初は、前述した私の経歴における米系金融グループの日本証券法人代表を務めていた際に、自己資金の大半をＮＹ証券取引所に上場するニューヨーク本社株式に換えてしまった時でした。

上場直後はウハウハでした。その後、一部利益確定しようかと考えていた取引値まであと1ドルの時に悪夢は起こりました。愕然とし、顎が外れそうになりました。ニューヨーク本社が、内部告発から不正が発覚し、取引所での株式売買停止から一気に上場廃止、そして事実上の倒産…。

そのあとには、わずかに残った資金も独立させた日本法人の資本に回しましたが、経営の失敗。独立させる際に協力いただいた資本家様にも迷惑をかけてしまいました…。

分散投資ポリシーを解除した途端に悪循環に陥ってしまいました。弱った体力を回復させるのには時間がかかります。私の失敗を参考に、くれぐれもご注意ください。

第3章

主な投資商品と運用戦略

主な投資商品

ここで、主な投資商品について簡単にまとめておきます。

①銀行預金

運用先の基本。どの先進国においても、一般的には、資産運用において一番大きな比率を占めています。日本は特に、この比率が高いのが特徴です。安心感があるのは分かりますが、低金利時代の今、高比率での運用配置先として優秀とは言えません。

②保険

保険商品は、生命保険のような貯蓄性の高いものから、医療保険のような保障内容を重視したもの、また、そこそこの運用リスクを伴うものなど多岐にわたります。何の保険にも入っていないという人は珍しいと思いますので、預金に次いで、多くの人が持っている資産です。

③国債・公社債

「債券」とは、国や企業などの発行体が資金を借り入れるために発行する有価証券。現在は、個人投資家も日本国債を小口購入できるようになっています。そのほか、地方公共団体の地方債や民間企業の社債、金融機関の金融債などがあります。

④投資信託

投資信託は、ファンド(基金)とも呼ばれています。投資家から広くお金を集め、その大きな資金を専門家が分散投資して運用する商品です。運用によって生じた損益は投資家に還元されます。投資先は国内・海外の株式、債券、デリバティブ商品、不動産など様々です。

⑤株式

「株券」は、企業が事業の資金を集めるために発行する有価証券。株主（株式の所有者）は企業の出資者としての権利と責任を負います。企業の業績によって株価が上昇したり下落したりすれば株式そのものの価値が変動し、また保有株数に応じて配当金や株主優待を受け取ることができます。株主の責任は有限責任であり、株式投資では損失が投資元本を割り込むことはありません。なお、株式の売買は証券会社を通して行います。

⑥不動産

土地・建物などの実物資産。住居として持ち家をもつことも資産運用であり、不動産投資の一つです。金融商品にくらべて価格変動が緩やか、借入れにより手持ち資産以上の運用ができるといった特徴があり、また節税対策として保有する人もいます。

⑦ 外貨預金（外国通貨建て資産）

米ドルやユーロなど外国の通貨で預金すること。預け入れた通貨の金利を受けることになるため、日本の銀行預金とは金利が異なります。また、日本円と預けた外貨との為替レートの変動によって、為替差益・為替差損が生じます。円貨と外貨との交換には為替手数料が必要です。

⑧ FX（為替証拠金取引）

為替差益を得ることを目的に通貨の売買取引を行うもの。レバレッジという仕組みにより、預けている資金（保証金・証拠金）よりも大きな取引（個人では最大25倍）が可能です。少ない資金でも取引できる反面、相場の急激な変動によって保証金以上の損失が出る可能性もあります。

⑨ 先物取引

ある特定の商品（原資産）を「取引時点で取り決めた価格」で、「将来のあらかじめ定められた期日」に売買することを約束する取引。ＦＸ同様、レバレッジによる証拠金取引になります。先物取引やオプション取引（将来売買する「権利」を売買する取引）は、デリバティブ（金融派生商品）と呼ばれるものです。

⑩暗号資産

紙幣・硬貨のような実態のない、インターネット上に電子データとして存在する通貨。国家機関が発行する法定通貨（日本円や米ドルなど）と相互に交換でき、また、代金等の支払いに使用できるものもあります。２０２０年５月の資金決済法改正により、「仮想通貨」から呼称が変更されました。

⑪モノ資産（金地金・美術品など）

それ自体に価値がある実物資産（不動産を除く）。金、銀、プラチナ、ダイヤモンドなどの貴金属や、美術品、コイン、ワインなど。

「メンバー選出」と「戦略」の布陣

投資の基本は、本人の投資資本総額に見合った分散投資の比率を考えることです。自分なりのポートフォリオをつくるにあたって、どの投資商品をどれだけ保有するか、全体に占める割合と他商品とのバランスを調整しつつ、決めていかなければなりません。前章で述べたようなポイントをおさえましょう。

その中で、投資初心者、特に余裕資産額が小さいうちは、ほとんどの投資は、①銀行預金、②保険、③国債・公社債、④投資信託、⑪モノ資産までの中から選ぶというのが賢明です。本書では、ここまでを「守り」の運用分野と位置づけておきます。

一方、⑤株式〜⑩暗号資産及び⑪モノ資産は、比較的「攻め」の投資という位置づけです。これらの投資は、どちらかと言えば、ハイリスク・ハイリターンということになります。どこかのタイミングで攻めに転じることも重要ですが、無理は禁物。プロの目から見れば、住宅事情を考慮しての不動産購入とか、東証プライム市場の大手安定株のような例外もあります。しかし、どんな場合でも、これらの投資を行っている自分は、「今は攻めに出ている」との認識をもつようにしましょう。

あなたの資産運用をサッカーチームにおける「メンバー選出」と「戦略」だと考えてみてください。①銀行預金～④投資信託が守備にあたるゴールキーパーやディフェンダー、⑤株式～⑩暗号資産が攻撃にあたるミッドフィールダー（中盤陣）やフォワード、といった要領です。④投資信託辺りは、守りに重点を置いているミッドフィールダーという扱いでもいいですね。

そう考えていくと、チーム予算が小さいうちは、やはりディフェンス（守備）に比重をおきたくなるのではないでしょうか。まさか負けられない状況の時に、ゴールキーパーやディフェンダーを置かずに、オフェンス（攻撃）だけで勝利を狙ったりしませんよね。私としても、ディフェンスを固めて自分の陣地を守りつつ、チャンスを待ってカウンター狙い、という戦略がおすすめです。

チーム予算次第で、ここから先の分散投資比率、つまり勝負の挑み方を考えていきましょう。状況に応じて、メンバー交代も積極的に！

《資産運用の「メンバー選出」と「戦略」の布陣の例》

■チームメンバー

①銀行預金‥‥ゴールキーパー
②保険‥‥ディフェンダー
③国債・公社債‥‥ディフェンダー
④投資信託‥‥ディフェンダー／ミッドフィルダー
⑤株式‥‥ミッドフィルダー
⑥不動産‥‥ミッドフィルダー
⑦外貨預金（外国通貨建て資産）‥‥ミッドフィルダー
⑧ FX（為替証拠金取引）‥‥フォワード
⑨先物取引‥‥フォワード
⑩暗号資産‥‥フォワード
⑪モノ資産（金地金・美術品など）‥‥フォワード

「守り」の選抜メンバー

このあとは、それぞれの商品について、運用の戦略的な考え方を、私なりに述べていきたいと思います。

①銀行預金／②保険

銀行預金は、まず基本となる運用先でしょう。銀行預金というのは、どこの先進国でも、一般的には一番大きな分散投資シェアを有します。前述のように、日本の分散投資シェアは、この銀行預金が約50％以上を占めており、リスク管理の考え方からすると、これは驚くべき数値です。世界的にみて、常軌を逸していると言ってよいでしょう。

極論と思われるかもしれませんが、日本は地震大国で首都直下型の大地震が起こる可能性も否定できません。また、近隣の国からミサイルが飛んでくる可能性だってあります。ウクライナ情勢を「対岸の火事」と横目に見て、のほほんとはしていられません。

日本はこれまで、独立国家を維持してきました。太平洋戦争後の混乱や危機こそありましたが、他のアジア諸国や欧州のように、頻繁に国境線が動いたり、極端な通貨危機に陥ったり、といったことはありません。

そういった歴史的な背景もあいまってか、日本には堅固な安全神話があります。治安や安全保障の問題だけでなく、日本人には「日本円は安全だ」「日本の銀行は安全だ」という根拠の薄い思い込みがあるようです。それが、世界の常識からかけ離れた銀行預金のシェア率を生んでいるのではないでしょうか。

しかし、私には、それでいいようには思えません。海外経験が豊富な人や、海外とのビジネスを行っている人たちは、もう気づいています。安全神話が崩れかけていることを。もうすでに今の低金利時代において、銀行預金は「金庫」にお金をしまい込んでいるだけに過ぎません。

バブル期は何に投資してもよかったぐらいでしたね。今とは、「まさか日本で、この金利？」と目を疑いたくなるほどの違いです。

保険商品も、分散投資には欠かせない投資先です。保険商品といっても、貯蓄性の高いものから保険重視のもの、また、そこそこの運用リスクを伴うものなど多岐にわたって存在します。養老保険の利回りも、バブル期には今では考えられないほどよかったですね。

保険商品の種類は数え切れないくらいで、保険金の支払い条件なども大変入り組んでいますので、フィナンシャルアドバイザーや優秀な営業マンなど、専門家に助言を求めることは必要でしょう。その際には、商品の性質をよく検討し、分散投資のバランスを鑑みて、最終的には自分で選ぶようにしてください。

③国債・公社債

日本国債は、安全性から考慮すれば、かなり手堅い分散投資先です。日本国債が個人投資家向けに小口購入できるようになって久しいですね。

ただ、国債もいいですが、地方債や優良企業の社債、また学校法人債券などにも魅力的なものがあります。少子化が進む中で経営に行き詰まる学校法人も少なくないので注意は必要ですが、理科系の大学などでは、エコロジー、新エネルギー、地球環境、ゴミ処理、食料問題といった先進的な研究を進め、実績を上げている大学も少なくありません。まずは情報収集を進めてみてはいかがでしょう。

④ 投資信託

投資信託も、個人投資家に身近な投資商品です。投資信託運用会社ごとに、様々な商品を提供しています。多くの投資家から資金を集めるしくみなので、各人の投資額が非常に低額から始められるというのが大きなメリットでしょう。

選りすぐりのプロたちがマーケットに張りついて運用を代行してくれるわけですから、個人投資家たちにとっては、膨大な知識の吸収や情報収集のような手間ひまを、そっくり省略できることになります。積立型で参加できるのもありがたいですね。

一方、投資信託では、運用会社（金融機関など）や、その様々な商品を見くらべて選択するのは投資家自身ですが、実際に運用している人間の顔が見えにくいという点は、デメリットと言えるでしょう。果たして運用者は、損益に対する責任を十分に感じているのでしょうか。

また、投資信託では、運用中に発生する個別銘柄取引時にかかる手数料という投資家には見えづらい料金が徴収されています。次項以降の株式やＦＸなどでは今やオンライン取引が主流で、この場合は個別銘柄の取引手数料が大幅にディスカウントされています。投資信託の手数料は、運用している金融機関にとって貴重な収入源の一つなのです。

投資信託の適正な分散投資シェア率は、個々の所得や生活様式・家族構成など様々な要因に左右されるので一概には言えませんが、初心者は、余裕資産の10～20％を目安に考えてみてはどうでしょうか。その商品性は様々で、株式や債券など他の投資商品の組み合わせで構成されていますから、投資信託の中身も、分散投資のバランスをみて調整する必要があります。あなたに合ったスキームで、ポートフォリオを組んでください。

注意してほしいのは、運用会社の担当者から受ける説明をしっかり理解すること。中には運用益が配当されていると思いきや、実は預け入れ元本が切り崩されて返金されているだけで、運用成績はさほど出ていなかったり、場合によってはマイナスだったり、という話もあります。報告書の内容も熟読し、分からないところは、漏らさず担当者に質問しましょう。

「攻め」の選抜メンバー

さて、ここから先が攻撃的なミッドフィールダーとフォワード（攻撃）のメンバー紹介です。チーム予算次第で、ここから先の投資をどれくらいの分散比率で挑むか考えていきましょう。状況に応じて、メンバー交代も積極的に！

⑤株式

株式投資は、比較的なじみがあり、参入しやすい取引です。その観点からも、欧米の先進国の一般層では、資産の分散先としては預貯金率に匹敵、もしくはそれ以上の分散比率になっています。

株式投資では、株価上昇が期待できるだけではなく、株式配当や株主優待が得られることもあります。株主優待のある株式は大手の安定銘柄が多く、どのような優待があるかで銘柄を選び、それを目当てに長期保有している人もいますね。

株式については、私としては、初心者は大手の安定銘柄に絞った株式の保有をおすすめします。また、余裕資産額が小さいうちは、株式に分散投資の極端に大きな比率を割り当てるべきではありません。

余裕資産が増えていくにしたがって徐々に比率を上げていき、その段階ではある程度は変動率の高い銘柄を織り交ぜてもよいでしょう。ただし、そういう銘柄を保有している時は特に、企業情報と経済全体の状況や為替・金利市場動向、さらには「テクニカルチャート」にも注意を払いつつ、なるべく目を離さずに相場がみられる環境にいることが望ましいです。

ここで、テクニカルチャートについて少しふれておきましょう。テクニカルチャートを見れば、「どこで買って」「どこで売るか」、もしくは「どこで損切りするか」の基準を決めるのに、とても役立ちます。「グラフを見て売り買いを決めるなんておかしい」という人もいますが、別にテクニカル要因だけで売り買いを決める必要はなく、役に立つところだけ参考にすればよいのです。

ファンドマネージャー(プロ投資家)によるストップロス(損切り)の指値注文(逆

指値）の設置価格は、多くがテクニカル分析によって決められています。もちろん含み益が出ているときにどこで利益確定するかを決めるポイントも、時間軸を含むテクニカル指標が大きく影響しています。

相場ものは大暴落することがありますが、ブラックマンデーやリーマンショックの時も、株式市場の大暴落を引き起こしたのは、ストップロスの売りが集中したことでした。

このテクニカルチャート、実は奥が深いんです。優れた統計指標であり、その指標も多岐に渡っています。移動平均線やトレンド線は基本中の基本。皆さんも詳しく知ってみると、相場をみるのが一層、面白くなるかもしれませんよ。

⑥不動産

世の中には持ち家派の人もいれば賃貸派の人もいます。地方に行くと土地価格も東京に比べて安いので、持ち家派の人が多いですね。賃貸派の人は、転勤が多い人や家族の事情も影響します。

しかし、資産運用の観点からすると、どのみち家賃を払うなら、ご自身が住む場所ですし、余力をみてローンを組み、持ち家を保有するという選択はありです。自分の住居としての不動産投資なら、ローンによる購入というのも当然のことですし、投資商品としての位置づけは、④投資信託と同等のリスクレベルに置くことができます。

また、余裕資産が大きくなってきたら、テナント収益を見込んだ不動産投資を検討することもできます。ただし、土地・建物という資産は換金性が劣りますし、高額の投資になりますので慎重に。

同じジャンルの中でリスク分散しようとすると、銘柄を散らせる投資信託や株式に比べ、不動産の場合は複数物件を購入するなど相当な金額になってしまいますからね…。

本書は初心者向けですので、この不動産投資の項は参考程度に考えておいたほうがよいかもしれません。なお、投資信託の商品としても不動産投資を行うことができます。もし不動産投資に興味があるなら、まずは投資信託の商品選びで不動産投資信託を加えてみてはいかがでしょうか。この場合、本書では、⑥不動産投資ではなく、④投資信託の一つとみなすこととします。

⑦外貨預金（外国通貨建て資産）

外貨預金は、私が最も重要視している分散投資先の一つです。日本人にとっての基準通貨は「日本円」。ですから、投資先も日本円をベースとしたものに偏りがちです。しかし、私としては外貨建ての商品も分散投資に加えることをおすすめします。

日本人のほとんどは、当然のように日本円が唯一の通貨のようにして暮らしています。日本は島国。陸つなぎで隣の国との行き来がある国のように、他国の通貨を身近に感じる機会が少ないのだから、それは自然なことなのかもしれません。けれど、「もし日本に何かが起こったら？」。大袈裟に聞こえるかもしれませんが、

「核弾頭ミサイルが飛んでくる」「東アジア発の大戦で戦場になる」「国土の広範囲にわたる巨大地震」…そんなことが起こったら、国家経済は大混乱。銀行は破綻し、物価は高騰。日本円も安泰とは言えなくなるということは想像できますよね。海外に避難しても、日本円は大暴落し、ほとんど価値のないものになってしまっているかもしれません。

そんな時、「もし外貨資産があれば…」と後悔しても、もう遅い。せっかく分散投資していたとしても、日本円の資産だけで分散させていたら同じことですよね。

分散投資は日本円ベースのものだけに偏らないように、米ドル建てやユーロ建てなど外貨の資産を含めてバランスを考えてください。余裕資産が増えてきたら、グローバル分散投資として外国資産のシェアを増やしていきたいところですね。

⑧ＦＸ（為替証拠金取引）／⑨先物取引

これらはハイリスク・ハイリターン金融商品の代表と言えます。レバレッジを効かせる証拠金取引ですから、下手をすると、投資元本を割り込んでしまいかねません。とは言え、大きく利益を追求する場合に有効な手段として、戦略的に用いることを考えましょう。このジャンルの投資（投機）は、中長期的なスタンスで取り組むものではなく、極めて短期的なスタンスでの売買がよいと考えます。

それでは、どんな基準をもって売買するのがよいのか。具体的な売買手法的なこと、あるいは意識すべきことは後述しますが、投資資金を超える損失もありえる投資である以上、そのリスク管理には、ほかの投資商品以上に意識を払わないといけません。

商品の性質上、取引中は相場に集中して欲しいですね。市場には多くのプロが参加しています。動き出せば、あっという間に大動きしてしまうことも少なからず起こり得ます。「小魚（一般投資家）」を狙う「大きな魚（プロ）」に気をつけましょう！参加の際には、損切りの逆指し値注文は必須です。

初心者は、優秀なトレーダーに追随するミラートレードや、実績あるプログラムを利用することから始めてもいいかもしれません。それにしたって必ず儲かるなんてことはありませんし、「過去実績を信じて参加したのに、３か月でその運用資産が半分になってしまった」なんてこともありますから、くれぐれも慎重に進めてください。

⑩ 暗号資産

比較的最近になってメジャーになった運用商品です。中央銀行が発行するものではない民間通貨であり、その価値を担保するものが弱いとは言えますが、自分の保有資産に加える投資家や新たなコインの発行体が増えてきました。

代表的な「ビットコイン」は成功していますが、すでに価値が増大しているコインは急落のリスクを有し、また、新規開発コインのほとんどは、メジャー通貨になりきれず、ジャンクコインや草コインになっているというのが実情です。

昨今では、暗号通貨取引所の事故・事件も起こっており、また曖昧な知識をもって、脱税やマネーロンダリングに利用されたりしている部分もあるようで、そのリスクが多岐にわたっていることも認識したうえで向き合いたいジャンルです。
リスクと利用方法さえ認識すれば、大変魅力的な投資対象ではありますね。

⑪ モノ資産（金地金・美術品など）

実物資産であるモノ資産には様々なものがあります。代表的なものとして「金（ゴールド）」があり、近年、急激に価格が上昇中です。希少性が高く、長年、金よりも高価だった「プラチナ」の価格さえ上回り、両者の価値の逆転現象が起きています。

余談ですが、各種会員組織やクレジットカードなどは、ゴールド会員よりプラチナ会員が上位ステータスとされてきました。ところが、金とプラチナの価値の逆転現象によって、どちらが上位か判断がつきにくいような状態になってしまっています。今後は、会員ステータスの名称を改定する組織が出てくるかもしれませんね…。

過去には、金本位制を背景に、ゴールドは資産として高い地位を有していました。通貨不安が起こった際のリスク回避策として使われるだけでなく、分散投資の代表格としても。

中華民族は、プレゼントにゴールドのジュエリーや置物などを贈ることも多く、街を歩いていても一区画ごとに貴金属商（ゴールド販売店）が目に入るほどメジャーな資産です。彼らにとって、ゴールドは銀行預金なみに身近な投資対象かもしれません。

金価格は今、歴史的高値になっています。しかしながら、これを高すぎるレベルと判断することはできません。5年後にはさらに高くなっており、2023年を振り返って「あの時、買っておけばよかった！」となる可能性も、もちろんあります。

私の考えでは、金地金投資は長期的な分散投資向きです。特にこの先に大きなリセッションが懸念される今のタイミングは、金地金に注目したい局面ではあります。インフレーションの指標としての地位は一時にくらべると低下しているものの、相変わらずの人気投資対象であることには変わりありません。

また、海外のアンティークコインや日本の古銭などは、オークション市場で人気があるようです。それから、バブル期に多くの資産家が買いまくった絵画や彫刻などの多くは、今ではその価値を大きく落としています。個人的には、美術品は投資というよりも、やはり本来の美術品として楽しむ目的で所有するほうがいいように思います。

人気ブランド品も同様です。海外で安く購入し、付加価値が大きくなった日本で販売するという短期売買を行っている人もいますが、今は儲けを出していても、いつまでも続けられるという保証はありません。

第4章

「実る」ための プロに負けない 投資術7か条

プロに負けない投資術7か条

私がこれまでの経験とノウハウから、個人投資家向けに考え抜いた、資産運用のために大切な「プロに負けない投資術7か条」をご紹介します。

第1条■自分の「投資余力」を認識し、目標を明確にする
第2条■投資商品ごとに投資比率を決める（分散投資比率）
第3条■熱くなるな。ポジションは自分の都合通りにはいかない
第4条■「ファンダメンタル」で長期的展望を
第5条■「チャートテクニカル」を知って流れに乗ろう
第6条■時として「何もしない」も戦略の一つ
第7条■失敗を楽しむ

第1条■自分の「投資余力」を認識し、目標を明確にする

あたなの生活コストはどれほどで、仮に安定所得が止まった時に、何か月分、今の生活を維持する余力があれば安心できますか？

そのレベルを超えた分があなたの「投資余力」です。人生何が起こるか分かりません。お子様の教育費用がかかるのであれば、キープすべき金額も大きくなってしまうでしょう。その「キープ額」が、あなたの保有総資産の30％を超えた時、以下の分散を参考にしてみてください。

投資商品の①銀行預金に30％程度、②保険～④投資信託＋⑤株式の安定株式に35～40％、残りを⑤株式～⑪モノ資産とすることをご検討ください。金額の割合は、あなたの余力が大きくなるにつれて変わります。⑤株式～⑥不動産辺りの比率が上がるべきだと考えます。初めは安全重視（ディフェンス中心）の分散になります。

その余力が５００万円になり、１０００万円になり、それに従って攻めの投資（オ

フェンス）比率が高まってきます。ただし、ＦＸや先物取引などのレバレッジ投資比率は増やすといっても、最大でも全体の５％〜10％くらいがいいところでしょう。主に比率を上げるのは、株式や外国通貨預金や債券投資と考えます。予算と金融機関の協力があるなら、順次利回り商品としての不動産もいいですね。

　ある著書に、「サラリーマン所得を上回る投資利益を稼げるくらいになったら、スタンスを一新することを考える」ことをすすめるということが書かれていました。当時私も深く共感したことを覚えています。「一新」というのは、必ずしもサラリーマンを辞めることをすすめるわけではないのですが、本人に目的があっての独立願望があるならば、それも一つの機会でしょうし、投資に注力する選択というのも一つでしょう。いずれにしろ、それは転機であり、一つの目標になるのではないでしょうか。

第2条■投資商品ごとに投資比率を決める（分散投資比率）

第1条でも触れましたが、あなたの資産量に応じて分散比率は変わります。前条で述べた「キープ額」を1000万円とし、あなたの保有資金総額が3000万円だとします。これをどのように分散するか。次に記すのは、あくまでも著者のイメージする分散例です。

【分散投資の例・投資経験が浅い場合】

◎保有資金総額　3000万円

- 銀行預金　1100万円

流動性重視の銀行預金に置きます。今は定期にしても利息に大差はないので、流動性重視で普通預金でもいいです。キープ額に多少の余裕をもたせた設定としています。

●保険　200万円（年間）

多くて月2万円くらいの積立て感覚の資金投下。大きな利回りは期待できなくても、保険機能が付いていて、ある程度「貯蓄性の高い商品」をターゲットにしてはどうでしょうか。

●国債・公社債　200万円

個人の感覚ですが、現在はあまり大きい魅力がなく、少なめでいい。というか、この分は当面の間、予備費として流動性の高い商品に置いておいたほうがよいかもしれません。

●投資信託　500万円

「NISA」での積立て戦略も有効です。不動産投資を始めるには予算的にも厳しいので、ここは「不動産投資信託」を含めて、タイプ別に3銘柄くらいを。それほど大きな利回りは期待できないと思いますが、まだ相場の素人であるなら無理なく運用しましょう。運用会社の報告書を見ながら、どの投資信託がいいかを選ぶだけで、いろいろと勉強になりますよ。

●株式　５００万円

初期段階では、練習ステージということで無理なく運用しましょう。金額的に限界はあるかと思いますが、できるだけ業種別にも分散しながら挑んでください。また選択銘柄も安定銘柄を中心にし、かつ変動率が大きいものは控えましょう。

●外国通貨　３００万円

代表的な米ドルとユーロで長期保有します。もし円高に向かうようなら、徐々に買い下って保有平均値を下げていきましょう。一気に３００万円中の50万円といった単位を換金する必要はありません。

●ＦＸ・先物取引　５０万円

初心者には、まずはＦＸで投資の練習をすることをおすすめします。ただし、ハイリスク・ハイリターン商品ですから慎重にいきましょう。この枠に一気に金額を投下してはダメですよ（リスク管理のノウハウについては後述します）。

●暗号通貨　５０万円

相場を見ながら、メジャー銘柄を少しずつ。ただし、正直なところ、私は個人的にはあまり積極的に投資していません。暗号通貨（仮想通貨）についてよく分からないという皆さんも、最初のうちは、この予算分も株式かFXに回してしまってよいかもしれません。

● モノ資産（金） 100万円

まずはゴールド。現在のレベルを高いと見るか、それとも低いとみるか…？少量ずつ、下がったらまた買って、保有平均値を下げていきましょう。

いかがでしたか。これは初心者向けの一例です。

株式もそうですが、特にFXや暗号資産は、初めから儲かることを前提にしないこと。あくまで勉強のつもりで始めてみましょう。とは言え、運用益を上げたいなら避けて通れないのが、これらのジャンルです。ぜひ経験を積んで、学んでいってください。まずは無理のない分散比率でスタートです。分散投資は本来、増やすことではなく、守ることを目的としていますしね。

第3条■熱くなるな。ポジションは自分の都合通りにはいかない

投資ポジションを保有したはいいが、思惑に反して含み損が発生してしまうことは少なからず起こります。そんな時、損失を取り戻すことに意識をもって行かれて客観性を失ったりしないという自信はありますか？

これはありがちな落とし穴です。例えば、鈴木さんがA社の株を1000円で購入したとします。目標は1100円でした。ところが、株価は1080円を付けたところで思惑に反して900円まで反転急落。本来なら950円まで下がったら損切りして仕切り直しを予定していたのですが、「きっとまた戻るだろう」と初動の計画を無視して損切りを躊躇してしまいました。結果、株価は800円まで下落を続け、鈴木さんは200円の損失を出してしまいました。

こういうドツボにはまるパターンは結構多いのです。残念ながら、私も少なからず経験があります。

この失敗例において、一番してはいけなかったことは、当初に決めた損切りレ

ベルを守らず、逆に行ってしまった時に熱くなってしまい、かつ自分のポジションに対して偏った思惑をもち、自分に都合のいい予想・見解をもってしまったことです。完全に客観的な判断ができなくなってしまっていたのです。

もし損失を出してしまったら、その失敗は「経験値を上げた」ぐらいに認識しましょう。そして新たに投資ポジションを持つときは、その経験を大切にしつつ、気持ちはゼロから仕切り直しましょう。損失を被ったマイナスの気持ちのままだと、仕切り直しの意味がなくなってしまいますからね。

第4条■「ファンダメンタル」で長期的展望を

投資を進めていくうえで、経済環境や、日銀を含む海外主要国の中央銀行における政策や展望など、数多くの判断材料があります。

私は、初心者の頃は、GDP、消費者物価指数、企業物価指数、雇用統計、鉱工業生産指数、企業在庫指数などの主要国の経済指標を、マイナー指標を含めてデータに落とし込み、その流れと傾向を研究したりしていました。その数値の流れを見ていて、自分なりに大きな景気経済の流れを認識したものです。

そのうえで、株式の銘柄を選定したり、あるいは買い保有持分を減らしたり、通貨は何に比重を置くべきか、あるいは買いから入るか、売りから入るかなどを決めます。

要は、大きな流れを掴んだうえで、自分の中長期投資スタンスのベースを設定します。イメージの話になってしまうかもしれませんが、例えば「今の政策スパンは当分維持されるだろうから、この先1年は基本ドルは堅調かな？」とか、「株式は横ばいかな？」とか。

ちなみに、雇用統計などのメジャー経済指標が発表されたあとにマーケットが大動きすることが多いですが、経験の少ない人は、そんな時の参加はなるべく控えましょう。そもそも、発表された数値が高くても低くても、マーケットは極端に上がったり下がったりして乱れた動きになることが少なからず起こります。

また表面的に景気良好と見える発表数値でも、マーケットは「予想で折り込み済みだった」「予想よりは悪かった」などの理由で、反対の動きになったりすることは普通に起こることです。

事前に予想される数値も結構幅広かったりするので、一般投資家にはなかなか判断が難しいものです。経済指標の発表で一喜一憂してはダメです。「ファンダメンタル」での相場方向の判断は、主に中長期的スタンスを決める際の参考としてください。大きな発表が予定される時は、極力投資ポジションは軽めにしましょう。

第5条■「チャートテクニカル」を知って流れに乗ろう

一説には、「チャートテクニカルには、ファンダメンタル分析の結果も織り込まれている」と言われています。テクニカル分析は、ある意味で統計分析でもあり、ファンダメンタルを織り込んでいるという考え方もあると思います。とは言えテクニカル分析もなかなか奥が深く、ハマるとあっという間に時間が過ぎますし、投資初心者にはその分析ツールも限られますので、まずファンダメンタルと併用での運用を考えましょう。

一般的なテクニカル指標としては、「トレンドライン」と「移動平均線」が代表的なものです。インターネット上の無料チャートサービスにも対応できるツールですので、この2点を解説します。

チャートはロウソク足（キャンドルスティック）が見やすいですね。その分析期間ですが、月足で見る長期チャート、週足で見る準長期チャート、日足、時間足、分足などありますが、日々チャートに張り付きながら日計り取引をするわけではないのなら、主に週足と日足を中心に分析していきましょう。トレンドラインも移動平均線も、相場の方向性と分岐点を図るうえで重要な指標になります。

トレンド線は上昇傾向なのか、それとも下降傾向なのかを見るうえでの基本中の基本であり、上昇トレンドのサポート線を下回った時に急落展開がしばしば見受けられます。

それは多くの相場参加者が、上昇トレンドが破壊されて「相場の分岐点が訪れた」

と判断しての売りが集中してしまうためです。ブラックマンデーやリーマンショックでも、きっかけこそファンダメンタルに起因しますが、テクニカル的には一定のレベルではこの売り集中が大きな理由です。

移動平均線については、私の場合、基本的に4本平均、14本平均、26本平均を使います。対象によっては、9本平均と21本平均に入れ替えたり、51本平均を加えたりするケースもあります。

それぞれがサポート（支え線）やレジスタンス（抵抗線）にもなったりしますが、それぞれの線が交差するタイミングが相場の転換点になるという解析になります。そのタイミングをいかに早く察知するかの勝負です。但し、ブレもあるのでご注意ください。

さて、基本的なポジション取りの注意点になりますが、中長期的なファンダメンタルと長期のチャートテクニカルの流れを鑑みて、もしそれが下降傾向にあると判断したなら、目先は上昇を期待できても積極的な買いは控えめにしましょう。

例えば、B社（架空の会社）株の買いのポジションを日足チャートに強気のイメージでもったとしましょう。ところが、思惑に反して相場はジリジリと下落しました。実は、週足チャートで見ると、その銘柄は下降トレンドに沿った動きになっており、そんな場合の損切り判断が遅れがちになってしまう可能性が大きく、逆に思惑通りに上昇していたとしても利益確定の幅はリスクに比較して小幅になってしまう傾向があります。

全体的に弱気の流れにあっても、買いのチャンスはあるでしょう。しかし、その際のポジションサイズは控えめにすることをおすすめします。目先の流れに惑わされて大きな流れに逆らわないようにしましょう。また、そんな時はひょっとしたら、ＦＸや株価指数取引での売りからの参入にチャンスがあるかもしれませんね。

チャートテクニカルは大変に奥深いです。もし興味があって勉強する気があれば、チャートテクニカルの専門書（初級編）を探されることをおすすめします。

第6条■時として「何もしない」も戦略の一つ

投資の売買に慣れてくると、変動の激しい相場の対象商品にも、ゲームやギャンブルのように中毒的に参入してしまう人が多いです。私にも、そんな時期がありました。

安定株式銘柄はいいにしても、変動率の大きな銘柄やハイリスクハイリターン商品については、昔から「休むも相場なり」と言われています。

ついついやり慣れた銘柄に執着してしまって、客観性を失って自分都合の相場観にとらわれてしまうことがよくあります。その辺りを自覚して、気持ちを切り替えてターゲットを探すなり、休むなりすることも重要です。特に損失を出したあとは、分析に客観性を失いがちなので、ご注意を。

相場の参入時には「ここぞ」という時があります。そのタイミングを逃さないようにすることが大切です。平時に無意味にポジションを取りにいってその銘柄に縛られるより、視野を広げて、面白そうなターゲットを探す時間もあってしかるべきだと思います。

第７条■失敗を楽しむ

やはり「失敗」というのは、しないで済むものなら、したくないものですよね。とは言え、投資をするうえでは、失敗をマイナス思考で受け止めていてはいけません。「失敗は宝」です。

失敗した経験もなく、ずーっと成功している人の話を聞きたいと思いますか。共感しますか。聞いていて楽しいですか。みんなとは言いませんが、失敗経験の少ない人って結構、横柄な人が多い気もします。

昔はよく、「失敗は成功のもと」と言われたものですが、確かに失敗経験は何よりの教師・教訓だと思います。

損失という実害を受けて喜ぶことはないまでも、失敗は貴重な体験ととらえてご自身の糧とし、次へのエネルギーに変えていただけるといいですね。また、私

や他人の失敗も知識として吸収し、あなたの糧にしていただけたら幸いです。
失敗を恥ずかしいと思うのではなく、失敗も含めて投資を楽しみましょう！

第5章

これからの投資環境

■世界の市場はリセットされる？

今、世界規模で金融業界が大きく変貌を遂げようとしています。金融業界は常に進化し続けており、近年、テクノロジーの進化、規制の変更、グローバル経済の変動など様々な要因により、その変貌を加速しています。これらの変化に投資家としてうまく対応するためには、まず変化の要因を理解し、その上で適切な戦略を練る必要があります。

【金融業界の変貌の要素】

①フィンテックの台頭…金融技術（FinTech）の進化は、銀行業界や保険業界をはじめとする伝統的な金融サービスを大きく変えています。例えば、ブロックチェーン技術の採用、暗号通貨の出現、ＡＩを用いた資産運用などが挙げ

られます。

②規制の変更…世界的な金融危機を契機に、多くの国々で金融規制が見直され、強化されてきました。これにより、伝統的な金融機関のビジネスモデルや投資戦略が変わることがあります。

③グローバル化…金融市場のグローバル化は、国境を越えた投資や取引の増加をもたらしています。これにより、地域に限定されたリスクだけでなく、国際的なリスクも考慮する必要があります。

【対処方法】

①情報のアップデート…金融業界の最新の動向や技術の変化を常に追いかけ、理解することが重要です。信頼性のある情報源を定期的にチェックし、知識をアップデートしてください。

②柔軟な思考…過去の成功体験に囚われず、変化に柔軟に対応することが求められます。新しい技術やトレンドを取り入れる際には、リスクを理解し、適切な戦略を練ることが重要です。

③リスク管理…金融市場の変動や新しい技術の導入により、リスクの性質が変わることがあります。ポートフォリオのリスクを定期的に評価し、必要に応じて調整することで、リスクを適切に管理してください。

④長期的な視点…金融市場は短期的な変動が激しいものですが、分散投資は長期的な視点で考えるべきです。短期的なトレンドに振り回されず、自身の投資目的や戦略に忠実であることが大切です。

結論として、金融業界の変貌は、投資家にとってチャンスとリスクをもたらします。変化を恐れず、新しい技術や情報を活用しながら、適切なリスク管理と長期的な視点を持つことで、変化の中でも賢明な投資判断を下すことが可能となります。

私たちの目や耳が届かない所での動きでもありますし、それがどれほど成功を収めるものになるかもわかりません。一部の主導者達？により、単純に国際経済が引っかき回されて、なんの進展もないままに収まってしまうのかもしれません。とは言え、大がかりなリセッションが控えているように思います。これは、考えようによっては、世界経済におけるバブル破壊とも言えます。そんな時に取るべき方策は何か。

今とるべき対策は

私は、今は攻める時ではないと考えています。前章でも述べている通り基本的に分散投資は守りの発想ですし、ニュートラル（均衡）ですが、特に今は世界情勢が混沌としており、また日米金利差とその影響を受ける為替動向がきっかけで株式市場の急落も懸念しています。

相場の傾向として、上昇には時間をかけて動きますが、それに比べて下落時は急激に大動きしてしまうことがよく起こります。それにはチャートテクニカルに従ってポジション操作するプロが多く存在していることも要因です。きっかけはそういったプロたちが先物などデリバティブ市場で引き金を引くケースが多いのです。

皆さんがプロではないこと、また四六時中ご自身の投資ポジションを監視・管理できる環境でないことを前提とするなら、今は個別銘柄、ましてや証拠金取引のポジションは極力控えめにしたいです。通貨分散は有用と思いますが、それも対象通貨で大きなリスク商品の運用は控え目にしたいですね。

ただ、ここで勘違いしないで欲しいのは、攻めない、何もしないで休む、ニュートラルの意味するところは、「銀行預金だけにして何もしない」ということではありません。これまでお話してきたことから分かるように、広い意味では「銀行預金も投資ポジションの一つ」なのです。銀行預金だけにするのは、「分散投資比率が偏っている」ことを意味します。とにかく分散投資でニュートラルなバランスを保つことを意識しましょう。今から1年ほどは、おそらくそんな時期ではないでしょうか。

資産形成に取り組む意義

一方、かつての経済大国・日本は影を潜め、PwCの推定では、２０５０年のGDP世界ランキングの中で、日本は８位にまでランクダウンすると予想されています。

くり返しになりますが、私たちがいる日本という環境は、決して安全・安泰な場所ではないのです。年金だってあてになりませんしね。今後は、これまで以上に、一人ひとりが自覚をもって資産形成を考えていかなければなりません。

私たちが住んでいるのは「日本」です。日本の通貨は「日本円」です。基本的に生活の糧は日本円に頼ります。とは言え、日本の国力が低下して日本円の価値下落や貿易赤字拡大となれば、食料自給率なども高いとは言えない日本の物価は上昇を懸念せざるを得ません。くどい様ですが、通貨を含めた分散投資は必要だと思いませんか?

第6章

投資家としての成長

■相場は生き物

皆さんは、どんな意図をもって本書を手に取ってくださいましたか？

この本を読んだらすぐに儲かると思いましたか？　もし私が何か特定の商品や銘柄をすすめたら、逆に「著者には何か営業的な魂胆があるのでは？」と疑ったりしませんか？

そもそもこの本が出版される時には、執筆中の状況とは変わっているかもしれません。「相場は生き物」ですから…。私としては、5年後に読んでもらっても役に立つ本であって欲しいと思っていますし、基本姿勢としてリスク緩和の分散投資を推奨する私が、極端な投資を推奨するのも変な話です。

責任逃れをしているわけではありませんし、責任逃れをしなくてはいけないような内容も書いていません。何を伝えたいかというと、「投資家としての成長には、自己責任が不可欠」なのだということ。最後に判断するのは、投資する当人です。損をしても、誰もケツをもってくれません。

例えば、AさんはBさんに「西に行ったら黄金の山があるよ」と言われて行ったけど、そこには黄金の山はなかった。AさんはBさんを責めるかもしれません。でも結局、AさんがBさんを信じるという選択のうえで行動したのですから、Bさんが決断した行為の結果なのです。

相場の判断も同じことなのです。この考え方は、相場に挑むうえで必要な「ブレない心」にとっても重要となります。このことは、本書の冒頭にお伝えした「3つの心がまえ」とあわせて、意識してほしいところです。

失敗や挫折は、成功への教訓

この章では、私のこれまでの経緯・経歴を簡単に紹介させていただきます。

金融業界では異色ですが、私は東京農業大学を卒業しました。卒業までは理科の教員を目指し地元富山県の教員採用試験に挑みました。就職は教員に絞っていたため、他の就職活動は一切しませんでした（今思えば経験として就職活動もしておけばよかったのですが…）。

結局、富山県の教員採用試験は不合格でしたので、卒業後は、親の反対を押し切って東京で就職し金融系の営業職についたのです。でも当時の私にはその仕事に目的を見出せず、思い悩んでいたところ、会社から米国シカゴ事務所への赴任を打診され、海外市場を学ぶきっかけをいただきました。

その後、ニューヨークに移り、証券会社・先物会社・投資顧問会社・銀行ディーリング部で主に日系金融機関や商社との取引経験を積み、英国系金融グループ在籍の際に、バブル崩壊後の対日ビジネス立て直しを目的に東京へ赴任しました。

5年を目処の赴任でしたが3年で目的を達成し、私は次のステージを目指してスイス系金融グループに転職しました。ところが転籍後間もなく、所属グループ内で金融スキャンダルが発覚し困惑していたところ、米国系で未だ日本に進出拠点のない金融グループとの交渉が進み、東京の事務所開設を任されることになりました。

そのグループは、自己資産運用よりも金融商品の取次業が主な事業であり、私たちは当時まだ日本では未開拓だったＦＸ事業をリテール向けに行うことを日本企業にすすめ、そのノウハウを紹介することで事業拡大を図りました。結果、日本でのＦＸ取引はメジャーな金融取引の一旦を担うこととなり、大成功を収めました。

ところが、その後、米国のグループ本社がＮＹ証券取引所に上場を果たしたのですが、内部告発で不正が発覚して一気に崩壊してしまいます。当然、私の運営していたグループ日本証券法人も煽りを受けることとなります。

多方面からの協力を得て、なんとか日本法人を親会社（グループ）から切り離し独立させました。しかし、「破綻した米系グループの元日本法人」というレッテルが貼られ、更に、「国際金融グループ」という看板がなくなったローカルの証券会社になり、事業経営やチームマネジメントに失敗し、挫折してしまいました。

これは私にとって「運」や「タイミング」が良い悪いなどと言い訳できない、大失敗であり、大挫折でした。正直、後を引きましたし、自信も無くしました。人に会うことも億劫になりました。ちょうど42歳の時でした。

ただその時期に娘が生まれてきてくれました。それが大きな支えになり、紆余曲折ありつつも復活し、金融系を主軸に対企業コンサルティングを行いつつ、投資教育に携わる現在に至っています。

私の人生は、このように『失敗』と『挫折』を繰り返しつつ、次の『成功』への教訓を得てきました。折角ですので、ここから私の失敗談を惜しみなく公開しますので、多少でも皆さんの教訓に繋げていただければ幸いです。ご自身が失敗することなく教訓が得られればそれに越したことはありませんし、それが人間の進化・発展の礎ですから…。

日々の失敗も楽しもう

相場とは全く関係ない私の失敗談ですが、こんな恥かき話があります。

私は大学を卒業してから2年目に米国シカゴに派遣されましたが、学生時代から英語は苦手でした。特に現地生活の開始から1か月は恥ずかしい話オンパレードでした。

その1■スーパーにて

シカゴ到着の日に、早速買い出しのためスーパーマーケットに行きました。調味料やキッチン周りの備品と当面の食材購入です。大方の目的購入物は見つかり、あとはラップだけとなったのですが、なかなか見つかりません。モジモジしながら店員さんに聞きましたが、私の発音が通じませんでした。

仕方がないので身振り手振りで、「ほら、こんな感じでロール状のもので野菜とかくるんだりするやつだよ」と汗カキカキで説明したら、「こっちだよ」と案内してくれた先は、野菜エリアにロール状にしてかけてある薄いビニールの袋のところでした。

心の中では、「惜しい！　もう少し」と思いつつも、「これじゃないんだよ」と、また身振り手振りで説明していると周囲の人が集まってきたんです。みんなで「何を探しているんだろうね？」とスーパーの中でゼスチャーゲームが始まったのです。すると、回答者の一人が「ラップじゃない？」と言いました。それを私も聞き逃さず、「それ！」と叫び、無事に見つけ出すことができたのです。

私は「初めからラップって言ってたじゃないか」と内心では思っていました。しかし、商品を見てようやく気づきました。ラップのスペルは「WRAP」であり、私は一生懸命「R」と「L」の発音の問題だろうと思い、「RAP」と「LAP」をくり返していたのです。妙に納得しながらその日は、お店のお客さんたちに微笑みかけられながら帰宅しました。

その2■バーガーショップにて

シカゴ生活2週間目くらいだったでしょうか。前週に現地事務所の先輩が案内してくれた持ち帰り専門のバーガーショップが超美味くって、一人で再訪することにしました。

今回は別メニューに挑戦しようと思い、レジの店員に「フェッシュバーガーを一つください」と伝えたところ、店員は何やらメキシコ訛りでまくし立てるように話します。私には何を言っているのか理解できませんでした。でもなんとなく理解したのは、「魚のミンチ肉はない」「肉と魚の両方を入れたメニューはない」とか…??。後ろのきれいな女性が助け舟を出してくれたのですが、「彼が言っているのは、チーズバーガーのことじゃない？」と、とんでもないことを言い始めます。

とにかく仕方がないので、得意の身振り手振りで「揚げた魚をタルタルソースと一緒にパンに挟んであるヤツを一つ」と説明すると、やっとニヤニヤしながら注文を通してくれました。お店も混んできたから、からかうのをやめようと思ったんでしょうね。絶対にもっと早くに分かっていたはずなんですが。少々ムカつきました。

ムキになった私は、事務所の受付をしてくれている中国系女性に相談したところ、「フィレオフィッシュって言えば、分からない人はいないよ」と言われ、それもそうだなと思い、連日の訪問です。

あえて前日と同じ店員がいるレジに並ぶと、気づいた店員が私に手を振りました。そして私の番です。「フィレオフィッシュを一つ」と言うと、「それならマック（マクドナルド）へ行ってください」との返答。仕方がないので、またゼスチャーで危機を回避。周囲のレジにいた店員たちにまで顔を覚えられてしまいました。

そして3日目、実は初日から不思議に思っていたのですが、そのお店の入り口にある小さなメニュー表には、フェッシュバーガーの商品名はありません。でも確かにフェッシュバーガーは存在しています。この日はさすがに食い入るようにメニューを見ました。

そして店内のレジに並ぶと、全レジ店員が「また来たぞ」とばかりにニヤニヤと私を見ています。この日はお客にも顔が割れていたらしく、ある意味で人気者です。そして私の番です。「ん〜、フィッシュサンドウィッチを一つ！」。すると店内のどこからともなく拍手が起こり、スンナリと目的商品を購入できました。

その後、しばらくその店に行かなかったのですが、ある時街を歩いていると声をかけられ、よく見るとあのレジ店員でした。その時の彼は親しみを感じる雰囲気で、「もうウチのフィッシュサンドイッチは食べ飽きたでしょ？ けど他にもメニューあるから、またおいでよ」と誘われました。というか、多分そう言ったんだと思います（笑）。

その3■理髪店にて

シカゴの街中にある理髪店に飛び込みで入ってみました。「軽くウェーヴかけて下さい」と伝え、担当者がパーマ液をかけてビニールをかぶせ、しばらくしてビニールを外しました。ふと担当者の顔を見ると、その表情が変なんです。彼は「日本人の髪質が分からなくって強くかけすぎたかもしれない」と言うんです。

「えっ！」髪を洗って乾かしてみて、ビックリしました。髪がクルックルでした。それでもまあいいかって感じで店を出たのですが、やはり夜になって気になり始め、自分でハサミを入れました。結果、余計に悲惨な状態になりました。

理髪店での失敗談には、私の知人の話があります。彼は理髪店で「リトル・ショート・カット・プリーズ」と、単語を4つ伝えました。本人の希望は少しだけ切って欲しかったそうですが、店員さんには「丸刈りにしてくれ」くらいの要望に聞こえたのです。結果は明らかですね。そりゃそうですね（笑）。

このような失敗も慣れてくると自慢話に変わるんです。また同時に、人とのコミュニケーションをとるうえでの最高のツールにもなります。
あなたの面白い失敗談もコミュニケーションに利用してみませんか。心にゆとりをもちましょう。

（了）

おわりに

なぜ今、初心者向け投資ノウハウ本が読まれるのか。いまさらながら、それが少し分かったように思います。

世界経済や投資術にリセットがかかり、これまでの流れに大きな変化が起こるタイミングが訪れようとしています。言うなれば、これまでのプロフェッショナルによる積み重ねられたノウハウによる運用パターンが終わりを迎え、また、一からの積み重ねが重要な局面にきているということなのかもしれません。

ＡＩによる運用も主流となっている現在において、このＡＩ運用がどれほど変化に適応できるかにも注目ですが、今こそ基本に立ち返る時であり、イメージとしては、プロも素人も同じスタートラインに立つことができる貴重なタイミングかもしれません。

本書を執筆するにあたり、多くの方に背中を押していただいたり、多くのサポートを賜りました。平成出版の須田早社長とスタッフの皆さんをはじめ、当社ウィズ合同会社の社員や資本家の皆さん、もちろん家族や友人のみんなにも感謝の気持ちでいっぱいです。

そして、ずーっと遡りますが、私がこれまでのチャレンジングな経歴を辿る上で大きなきっかけを頂いた高校時代の恩師 川腰齋先生、ニューヨーク時代に公私でお世話になった井原信近様、こころの持ち方（メンタル）の部分での恩師で心理学の先生である栗原夫妻には、改めてこの場を借りて心より感謝いたします。

２０２４年１月吉日
ウィズ合同会社 代表社員
友杉 博信

平成出版 について

本書を発行した平成出版は、基本的な出版ポリシーとして、自分の主張を知ってもらいたい人々、世の中の新しい動きに注目する人々、起業家や新ジャンルに挑戦する経営者、専門家、クリエイターの皆さまの味方でありたいと願っています。

代表・須田早は、あらゆる出版に関する職務（編集、営業、広告、総務、財務、印刷管理、経営、ライター、フリー編集者、カメラマン、プロデューサーなど）を経験してきました。そして、従来の出版の殻を打ち破ることが、未来の日本の繁栄につながると信じています。

志のある人を、広く世の中に知らしめるように、商業出版として新しい出版方式を実践しつつ「読者が求める本」を提供していきます。出版について、知りたいことや分からないことがありましたら、お気軽にメールをお寄せください。


book@syuppan.jp 平成出版 編集部一同

ISBN978-4-434-33410-8 C0036

枯らす 実る 資産運用

令和６年（2024）３月９日 第１刷発行

著　者　**友杉　博信**（ともすぎ・ひろのぶ）

発行人　須 田 早

発　行　**平成出版**G 株式会社

〒 104-0061 東京都中央区銀座７丁目 13 番５号
ＮＲＥＧ銀座ビル１階
経営サポート部／東京都港区赤坂８丁目
TEL 03-3408-8300　FAX 03-3746-1588
平成出版ホームページ https://syuppan.jp
メール : book@syuppan.jp

発　売　株式会社 星雲社（共同出版社・流通責任出版社）
〒 112-0005 東京都文京区水道 1-3-30
TEL 03-3868-3275　FAX 03-3868-6588

編集協力／安田京祐、大井恵次
原稿作成協力／沢田恵子
本文イラスト／ illust AC
制作協力・本文 DTP ／ P デザイン・オフィス
Print ／ DOza